24.

QVELQVES REMARQVES

SVR LES INOVATIONS INTRODVITES EN la Congregation de SAINCT MAVR depuis quinze ans, par cinq ou six Superieurs d'icelle : Et des maux & abus qui s'en sont ensuiuis, à la ruine spirituelle & temporelle de ladite Congregation.

LA premiere est, que l'an 1629. huict ou dix Superieurs de ladite Congregation s'assemblerent au Monastere de Noüallié, ou le Reuerend Pere Gregoire Tarisse estoit pour lors Prieur, & y fut signé vn Institut nouueau essentiellement different de celuy qui estoit introduit en ladite Congregation par les Bulles d'icelle, & les Lettres patentes de sa Majesté tres-Chrestienne.

La 2. est, Qu'il fut en suite demandé des Procurations aux Communautez de ladite Congregation, pour consentir que cette Inouation fust approuuée au Chapitre general qui se deuoit celebrer l'an 1630.

La 3. est, Que la pluspart desdites Communautez refuserent de donner leurs procurations pour consentir cette Inouation, à raison que les Religieux de ladite Congregation desiroient demeurer en l'obseruance de l'Institut antien qui y auoit esté introduit par authorité Apostolique, & à l'Obseruance duquel ils s'estoient personnellement obligez par leurs vœux & sermens solemnels apres leur an de probation.

La 4. est, Que nonobstant le refus desdites Communautez la pluspart de ceux qui auoient assisté en ladite Assemblée de Noüaillié, & signé ledit Institut nouueau, s'estans trouuez Diffiniteurs dudit Chapitre general, l'approuuerent dans le Diffinitoire, & le proposerent aux autres Superieurs Capitulans pour l'approuuer; lesquels l'ayant plusieurs fois refusé en receurent quelques poincts : Et depuis l'an 1630. les Autheurs de ces changemens ayans esté continuez jusques à present és premieres Charges & Dignitez de ladite Congregation, & dans les Deffinitoires des Chapitres generaux, nonobstant les Remonstrances & Instances qu'en ont fait les autres Religieux de ladite Congregation ont tout changé l'Inſtitut d'icelle.

Or les plus prejudiciables Inouations introduites en ladite Congregation depuis ledit an 1630. iuſques à preſent, ſont,

Premierement, l'erection de la qualité de Superieur general en la perſonne du Chef de ladite Congregation, & l'Authorité abſoluë qui luy a eſté attribuée, tant au ſpirituel qu'au temporel de ladite Congregation, contre l'Inſtitut d'icelle, par lequel il n'eſtoit qualifié que Preſident, ou Vicaire general, par la Bulle d'erection de ladite Congregation de ſainct Maur, obtenuë en conſequence des Lettres patentes du feu Roy Louys XIII. d'heureuſe memoire de l'an 1618. qui ne luy donnent d'autre qualité que celle de Vicaire general; & comme tel, n'eſtoit proprement que le Vicaire du Chapitre general, pour faire obſeruer les Ordonnances qui y eſtoient faites, n'eſtant que le premier entre les ſept Superieurs majeurs qui auoient charge de conduire ladite Congregation, & de deliberer & conclure les affaires importantes qui ſuruenoient dans le temps intermediere deſdits Chapitres generaux, n'y ayant que ſon ſeul ſuffrage auec les ſix autres Superieurs majeurs qui compoſoient le regime de ladite Congregation, ainſi qu'il eſt declaré au 1. 2. & 3. Chapitres de la ſeconde partie de l'Inſtitut de ladite Congregation: & ſelon ces nouueaux ſtatuts toute cette puiſſance & authorité des ſept Superieurs du regime a eſté transferée au ſeul Superieur general: En ſorte qu'apreſent il a plus de puiſſance ſur le ſpirituel & temporel de ladite Congregation, & en peut diſpoſer auec moins de deſpendance que ne pouuoient faire les ſept Superieurs majeurs, ſelon l'ancien Inſtitut de ladite Congregation.

2. La perpetuité poſſible dudit General auſſi inouée contre l'Inſtitut de ladite Congregation, qui ordonne que le Chef d'icelle ne doit eſtre eſleu que pour vn an, & continué pour trois tout au plus par la Bulle d'erection de ladite Congregation: Et le premier Superieur general ſuiuant ſes nouueaux Statuts a deſia eſté continué dix-huict ans, bien qu'aucun de ceux qui ont conduit ladite Congregation auparauant luy, n'ayent eſté eſleus que pour vn an, vn ſeul y ayant eſté deux ans, encore qu'en la naiſſance de ladite Congregation, il y eut moins de Superieurs capables pour en changer, que depuis ceſte longue continuation.

3. La perpetuité poſſible des Viſiteurs, contre ce qui eſt ordonné par l'ancien Inſtitut de ladite Congregation, & par le Bref du Sainct Pere Gregoire XIII. qui commande que leſdits Viſiteurs ne pourront eſtre continuez plus d'vn an ſans vacquer deux ans; ce qui a eſté inuiolablement obſerué depuis l'an 1613. que ladie reforme a eſté introduite en ce Royaume, iuſques en l'an 1630. bien que pour lors il y euſt peu de Superieurs pour en changer.

4. La perpetuité des Diffiniteurs des Chapitres Generaux, contre ce qui eſt ordonné par l'ancien Inſtitut, & leſdits Brefs de Gregoire XIII.

qui ne permettent d'estre cotinuez plus de deux fois de suitte, sans vacquer deux fois, & nonobstant ledit Reuerend Pere Gregoire Tarisse, auec quelques autres Autheurs de cette Inouation y ont desia esté continuez en vertu de ces nouueaux Statuts six fois de suitte sans vacquer, & ledit Reuerend Pere Gregoire, presque tousiours President desdits Chapitres Generaux depuis quinze ans, ainsi que de toutes les autres assemblées qui se font dans l'entre-temps desdits Chapitres: de sorte qu'à present les Superieurs parriculiers & simples Religieux ont tant en premiere 2.3. qu'en derniere instance, mesmes Superieurs en tous les differents qui pourroient naistre entr'eux & les Superieurs Majeurs; attendu que le Superieur General, ses Assistans, & Visiteurs, pendant les Visites, Diettes annuelles & Prouinciales, & dans les Chapitres Generaux, desquels ils sont Dffiniteurs sont tousiours Iuges des autres Religieux de ladite Congregation: Contre ce qui estoit ordonné par l'Institut d'icelle, qui commande que les Visiteurs soient priuez de voix passiue en l'Eslection des diffiniteurs du Chapitre General, où ils doiuent seulement rendre compte de leur administration, & non point y estre Iuges & parties contre ceux qu'ils auroient mal-traitez pendant le cours de leurs Visites, & le mesme se peut dire des Asistans, dont il n'est parlé dans la Regle de Sainct Benoist, ny dans l'Institut du Mont-Cassin: Ioint qu'il n'est pas raisonnable que mesmes personnes soient tousiours Iuges en vne Religion, sans pouuoir estre Iugées, ny les autres Superieurs & Religieux en estat d'obtenir iustice des Griefs qu'ils pourroient receuoir, ny de la mauuaise administration des Superieurs Maieurs.

5. L'Inouation des Chapitres Generaux, tant pour le temps que pour la façon de les celebrer, ayants esté reduits d'annuels qu'ils estoient selon l'Institut de ladite Congregation Triennels, selon ses nouueaux Statuts; Par lesquels il est aussi ordonné qu'il n'y assistera que quatre Superieurs de chaque Prouince, au lieu de tous les Superieurs & Conuantuels de chaque Monastere de ladite Congregation, lesquels suiuant l'Institut d'icelle, deuoient tous assister, & y auoir voix & suffrage dont ils sont priuez apresent.

6. L'Inouation des Diettes Prouincialles ordonnées pour eslire seulement les quatre deputez des Prouinces qui doiuent assister au Chapitre general; & encore dans les dernieres Diettes les deux parts des Communautez de ladite Congregation ont esté priuées d'y enuoyer leurs Conuentuels, en suitte d'vn nouueau Statut, qui en a exclu tous les Monasteres où il n'y auoit que dix Religieux de Chœur.

7. La suppression des trois Conseruateurs, qui auoient de coustume d'estre eslus, suiuant l'ancien Institut de ladite Congregation dans les Chapitres Generaux par tous les Capitulans, & y tenoient les premieres places apres les Diffiniteurs, & presidoient en l'assemblée desdits Capitulans & auoient charge expresse, ainsi qu'il est ordonnée par le quatorziesm

Chapitre dudit Institut, qu'il ne se fist ny ordonnast aucune chose esdits Chapitres ny hors d'iceux, contre les Constitutions de ladite Congregation estant de leur Office de punir ceux qui y contreuenoient, & ont exercé cét Office dans ladite Congregation, iusques au Chapitre General celebré l'an 1630 inclusiuement, & depuis qu'ils ont esté supprimez les Autheurs de ces Inouations ont facilement abrogé les constitutions anciennes & fondamentales de ladite Congregation, sans qu'il en soit resté aucune qui n'ait esté changée où alterée, ny en ayant aussi plus eu de stables ny d'asseurées depuis la suppression de l'Office desdits Conseruateurs, en sorte que du depuis il n'y a eu aucune conformité dans les obseruances des Religieux de ladite Cōgregation, non plus que dans les ceremonies de l'Eglise, lequel desordre subsistera autant de temps que l'on differera à reprendre le premier Institut de ladite Congregation, & les ceremonies de l'Eglise qui s'y pratiquoient auparauant ces changemens.

8. La deffence faite à toutes les Communautez de ne rien escrire & māder en cōmun aux Diettes Prouincialles & Chapitre General, ny à ceux qui y assistent, d'y rien proposer en commun, sur peine d'en estre chassez, n'estans permis à present qu'au Visiteur de proposer en commun ce qu'il trouue bon esdites Diettes, & au General aux Chapitres Generaux : en sorte qu'il n'y a plus de liberte d'escrire ny de proposer efficacement aucune chose pour le bien de ladite Congregation, ou pour empescher la mauuaise administration de ceux qui la gouuernent ; attendu que les remonstrances estants seulement singulieres, ne sont pas considerées comme si elles estoient faites par des Communautez entieres.

9. L'authorité attribuée à tous les Superieurs & Conuentuels, qui composoient les Chapitres Generaux, & qui representoient toute la Congregation pendant iceux suiuant l'ancien Institut de la Congregation, est par ce nouueau transferée au neuf seuls Diffiniteurs, desquels le Superieur General est President, & nay Scrutateur des Eslections, & qui peut seul y proposer ce qu'il luy plaist : en sorte qu'il y peut faire ce qu'il veut sans contredit, ainsi qu'il peut seul administrer ladite Congregation, tant au spirituel qu'au temporel hors les Chapitres Generaux sans despendance, & deposer les Procureurs Generaux Scindics, residants à Rome & à Paris, & tous les Abbez & Superieurs de ladite Congregation, comme il luy plaist, & en instituer d'autres de la mesme façon, sans forme de droit ny aduis precedent, ce qui est non seulement contraire aux Constitutions de ladite Congregation de Sainct Maur & au serment solemnel des Religieux profés d'icelle, & à la Regle de Sainct Benoist, mais aussi aux Constitutions Canoniques, & à la pratique de toutes les Religions bien reglées.

10. Le deffaut de publication de tout ce qui s'est depuis l'an 1630. abrogé & innoué de plus important dans les Chapitres Generaux, & hors d'iceux, contre les Loix & coustumes de ladite Congregation, en laquelle on promulgoit trois fois par an toutes les Ordonnances qui se fai-

faisoient dans les Chapitres Generaux, pour mieux pratiquer ou suppléer à ce qui n'estoit ordonné par l'Institut de la Congregation, car iusques en l'an 1630. il ne s'estoit fait aucun Statut ny Ordonnance dans les Chapitres Generaux ny hors d'iceux contre l'Institut de ladite Congregation, mais seulemét pour y suppléer, cõme dit est, & cette publication qui se faisoit par tous les Monasteres és trois diuerses saisons de l'année, n'estoit pas seulement pour la validité desdites loix & ordonnances, qui n'ont point de vigueur qu'apres auoir esté promulgées: mais encore afin que tous les Religieux de ladite Congregation les cogneussent pour mander au Chapitre General subsequent s'il n'y auoit point d'inconuenient en la pratique & introduction desdites ordonnances nouuelles, qui ne tenoient point lieu de loix obligatoires, qu'apres auoir esté confirmées par les deux parts des suffrages des Superieurs capitulans d'vn second Chapitre General, ainsi qu'il est prescrit par le vingtiesme chapitre de la 1. partie des Constitutions. contre laquelle pratique la pluspart des nouueaux Statuts, qui sont à present en obseruance en ladite Congregation, par ceux qui en sont les Autheurs y ont esté introduits sans auoir esté approuuées par lesdits capitulans des chapitres, ny promulguées par les Monasteres de ladite Congregation, d'où s'ensuit qu'ils sont nuls, & non receuables, quand mesmes ils ne seroient contraires aux loix fondamentales de ladite Congregation, parce qu'ils n'ont esté approuuées par ceux qui deuoient y auoir voix & suffrage, & pour autant que la publication est absolument necessaire pour la validité de telles loix & statuts, ainsi que les Canonistes & Legistes l'escriuent, conformement à la doctrine de S. Augustin, qui dit au trente-vniesme chapitre *de vera religione quod tantum leges instituuntur, cum promulgantur moribusque vtentium approbantur.*

11. Les nouuelles lettres d'institution des Superieurs de ladite Congregation, attendu que par icelles, il est fait iniunction & commandement formel en vertu de saincte obeissance, & sur peine de censures aux Communautez de ladite Congregation, de receuoir lesdits Superieurs, en sorte que les Religieux d'icelle qui voudroient les refuser, à raison qu'ils sont à present esleus & continuez directement contre la teneur de leur serment solennel, & contre les loix & bulles de la Congregation, sont retenuës par ces nouueaux commandemens, & sont necessitez de faire contre leur vœux & serment, ou d'encourir les censures, & faire contre les commandemens formels, portez par lesdites nouuelles lettres d'institution, ce qui peut gesner les consciences, & estre cause de beaucoup de maux & pechez: Ioint que lesdites Lettres d'institution ne sont plus terminées d'vn chapitre General à l'autre suiuant, ainsi qu'on auoit accoustumé de faire; ains sont seulement relatiues, à ce qui est ordonné par les nouueaux Statuts; c'est à dire, *ad nutum Superioris Generalis*, ce qui est ainsi disposé peut estre pour supprimer en bref les chapitres Generaux, puis qu'il ne sera plus desormais besoin d'en celebrer pour faire election des Superieurs, attendu que ce pouuoir est maintenant

attribué au Superieur General, tant pour la façon de les eslire, que pour le temps de leur administration: Le delaissement des Chapitres Generaux estant arriué dans les religions les plus florissantes par semblables moyens à leur ruine totale.

12. L'esloignement & les rudes traittemens exercez contre ceux qui ont improuué ces inouations, & les auantages de ceux qui les ont aggrées n'ont pas peu seruy pour les faire introduire en ladite Congregation. Les biens spirituels & temporels d'icelle, auec l'adresse de ceux qui en sont les autheurs y ont aussi efficacieusement seruy, ainsi qu'à les maintenir.

13. La prompte election des autheurs de cette innonation és premieres charges & superioritez de ladite Congregation, à causé en partie l'introduction d'icelle, attendu qu'ils ont esté plustost promeus esdites superioritez, & en la conduite de ladite Congregation, qu'ils n'ont cogneu comme elle auoit esté erigée & fondée, & par qu'elles loix elle deuoit estre gouuernée, s'estant mesme persuadez qu'elle n'en auoit point d'asseurées & obligatoires, pourquoy au mesme temps qu'ils ont pris la conduite de ladite Congregation, ils l'ont destituée de ses legitimes Loix & Constitutions qu'ils auoient receuës du S. Siege, & en ont subrogé d'autres conformes au dessein qu'ils auoient d'establir en ladite Congregation vn gouuernement monarchique au lieu du mixte ou Aristocratique, qui estoit ordonné par l'Institut de la Congregation du Mont-Cassin, & de S. Vanne, sur lequel la Congregation de S. Maur auoit esté erigée & fondée pour estre à perpetuité gouuernée par les Loix & Constitutions dudit Institut, ainsi qu'il appert par les decrets des Bulles d'Erection & Confirmation de la Congregation de S. Maur. Le S. Pere Gregoire XV. s'estant comporté en cette Erection suiuant ce qui est ordonné par les Sanctions Canoniques & Conciles Oecumeniques, luy assignant pour sa conduite & direction des Religieux d'icelle la regle de sainct Benoist, & l'Institut de la Congregation du Mont-Cassin, emané & confirmé du Sainct Siege, selon la supplication aussi qui en auoit esté faite à sa Saincteté, par ceux qui procuroient l'Erection de ladite Congregation de S. Maur, lesquels estant desia tous obligez par leurs Bulles & sermens solemnels à l'obseruance dudit Institut du Mont-Cassin, à raison qu'ils l'auoient receu par authorité Apostolique en la Congregation de S. Vanne, où ils auoient fait profession, & promis par leurs vœux & sermens l'obseruance dudit Institut du Mont-Cassin, ainsi qu'ont fait tous les Profez de la Congregation de S. Maur, lesquels l'ayant receu & promis de la sorte & practiqué sans variation, tant d'années, il ne peut estre delaissé ny abrogé en tout n'y en partie, sans dispense expresse du Souuerain Pontife, du consentement de tous les Religieux de ladite Congregation, qui ne sont obligez par leurs vœux & sermens, & Bulles d'Erection & Confirmation, qu'à l'obseruance de la regle de S. Benoist, declarée & exposée par les Peres de la Congregation du Mont-Cassin, ainsi qu'il se void par la forme de leur profession, & serment, qui est declaratif de ce qu'ils promettent par leur

profeſſion, & qui en toutes ces parties n'a d'autre relation qu'à l'Inſtitut du Mont-Caſſin, & de meſme qu'il n'y a que deux puiſſances eſtablies pour la conduite de la Congregation par ledit Inſtitut, auſſi par la forme dudit ſerment leſdits Religieux ne s'obligent qu'à la recognoiſſance de ces deux meſmes puiſſances, ſçauoir du Chapitre general, & du regime qui eſt compoſé des ſept Superieurs majeurs, & ne peuuent eſtre obligez à ſuiure d'autres Regimes, ny obſeruances, & encore moins à de contraires, comme ſont celles que ces cinq ou ſix Superieurs ont introduites en ladite Congregation de ſainct Maur, depuis quelques années, ſans l'expreſſe permiſſion du Souuerain Pontife, & le conſentement des Religieux profez d'icelle, leſquels meſmes y ont formellement repugné, lors qu'ils ont dénié les procurations qui leurs ont eſté demandées à cette fin, & quand ils n'ont voulu ſuiure les nouuelles formes d'eſlire les Conuentuels, & autres nouueautez qui leurs ont eſté preſentées, & s'ils cognoiſſoient les autres qui leurs ont eſté celées iuſqu'à preſent, ils en feroient pareil refus, au moins s'ils eſtoient libres de le faire, comme l'on le cognoiſtra par l'experience, à la ruine de la Congregation & diuiſion des Profez d'icelle, s'il n'y eſt remedié en bref. Les autheurs meſmes de ces inouations ne pouuant pas ignorer ce qui en a eſté mandé au Chapitre par les Religieux de ladite Congregation, & au lieu d'auoir eu eſgard à leurs prieres & remonſtrances; quelques vns d'entreux ont publié apres leur retour dudit Chapitre, qu'ils n'auoient point voulu deferer aux remonſtrances deſdits Religieux, ſur le fait deſdites inouations & continuations des Superieurs majeurs & autres, à raiſon ſeulement que les Religieux le demandoient, ce qui fait aſſez cognoiſtre qu'ils ont plus d'inclination à ſe maintenir dans les Superioritez, & à faire ſubſiſter leur innouation que d'affection à remedier au deſordre de ladite Congregation, & à donner ſatisfaction ſelon Dieu aux Religieux d'icelle.

14. Or ils diſent que le motif qui les a portez a eſtablir cette conduite Monarchique dans ladite Congregation, au lieu de celle qui y eſtoit ordonnée par ledit Inſtitut de la Congregation de S. Maur & de ſainct Vanne, eſt qu'elle eſt plus conforme au gouuernement preſcript par la regle de ſainct Benoiſt, qu'ils eſtiment eſtre Monarchique, bien qu'en effect l'on le puiſſe auec plus de raiſon, ce ſemble appeller Oeconomique, ayant plus d'analogie & rapport, auec la conduite que tient vn pere de famille ſur ſes enfans & domeſtiques, qu'auec le gouuernement d'vn Monarche qui a pluſieurs villes, prouinces & ſujets, ſur leſquels il exerce vne domination ſouueraine: car le Pere S. Benoiſt n'a fait des ordonnances dans ſa ſaincte regle, que pour donner l'ordre à vn Superieur ou Abbé eſleu par la Communauté, pour gouuerner ſon Monaſtere & ſes Religieux independemẽt d'autre Superieur Regulier, & ſans autre ſubordination: Or comme celuy qui ne poſſederoit qu'vne ville ou bourgade, ne pourroit pas eſtre auec raiſon qualifié Monarche, non plus celuy qui n'a de pouuoir que deſſus vn ſeul Monaſtere, ne peut eſtre appellé Monarche; de ſorte que la regle de S. Benoiſt n'eſtabliſſant

point de despendance entre les Monasteres de son Ordre, ny de subordination entre les Superieurs qui le gouuernent; tel gouuernement est mal à propos, ce semble, nommé Monarchique, par ceux qui le veulent introduire en la Congregation de S. Maur, qui eussent sans doute rendu vn plus grand seruice à Dieu & à ladite Congregation, s'ils eussent continué à la conduire, suiuant les Instituts qui y auoient esté introduits par authorité Apostolique, & par la pratique desquels elle estoit si sainctement dirigée & les Religieux d'icelle conduits auec tant de simplicité & candeur, que d'y auoir voulu introduire ce gouuernement Monarchique, lequel en la façon qu'ils l'y ont estably par leurs nouueaux Statuts est plus propre pour vn gouuernement politique, que pour conduire des Religieux Benedictins, ce qui se cognoist mieux par experience, que par tout le raisonnemẽt qu'on sçauroit faire sur ce sujet: car l'on peut dire, quoy qu'auec regret, que du depuis qu'ils ont destitué ladite Congregation de ses loix legitimes qu'elle auoit receuës du Vicaire de Iesus-Christ par sa conduite, pour y establir ces nouuelles, Dieu en a retiré ses Benedictions, & au lieu de la vraye simplicité Religieuse & humble soubmission & vnion entiere, qui iusques à lors y estoient parfaittement entretenus, il n'y a eu que Maximes politiques en vigueur, que complaisance interessée, que pleintes & murmures, que deffiances & dissentions, que ruine totale du spirituel & temporel de ladite Congregation, qui n'a augmenté du depuis en Monasteres & personnes, que pour y multiplier la misere & desolation, en sorte qu'on peut bien dire de cette Monarchie, *multiplicasti gentem, sed non magnificasti lætitiam*, & ce que le Pere Mariana Iesuite en a dit, dans le liure qu'il a composé de la conduite de cette Societé. *Monarchia istiusmodi*, inquit, *aper est quacumque gressum facit omnia proterens, quo nisi compresso nihil quietis sperare possumus*, & à ce propos l'on peut bien approprier à la Congregation de sainct Maur, ce qui est dit dans les 9.10.11.12.13. versets du Psalme 76. par le Prophete Royal, parlant du peuple d'Israel, figuré par la vigne transferée de l'Egypte, & conclure auec le mesme Prophete: *Exterminauit eam aper de silua & singularis ferus depastus est eam* (*nempe S. Mauri Congregationem*) laquelle s'estoit sainctement multipliée en personnes, & Monasteres & encore plus en vertus, pendant que ses legitimes loix y ont esté religieusement entretenus: mais elle n'en a pas esté si tost destituée, & cette Monarchie introduite, qu'elle n'ait esté abandonnée de Dieu, & despourueuë de tout ce qui estoit necessaire pour la subsistance spirituelle & temporelle, & ne reste plus à ses enfans legitimes, que des pleurs & prieres vers Dieu, en luy disant auec le Prophete Royal, *Deus virtutum conuertere, respice de cœlo, & vide & visita vineam istam, & perfice eam quam plantauit dextera tua:* parce que si Dieu ne regarde en pitié cette desolée Congregation, & ne fait cognoistre aux puissances de cét Estat le mauuais estat où cette inouation Monarchique la reduite, elle sera plutost acheuée de ruiner, que les autheurs de ce desordre, n'en feront conoistre la cause à ceux qui peuuent y

remedier,

remedier, & ses enfans auront pour lors tout suiet de deplorer leur infortune, ainsi que le Prophete Ieremie faisoit autresfois celle des Enfans d'Israel, qui auoient preferé le gouuernemēt Monarchique à celuy que Dieu mesme leur auoit ordonné, & auec lequel il les auoit conduits si heureusement tant de siecles: & pourront dire, *Recordare Domine quid acciderit nobis intuere & respice opprobrium nostrum hæreditas nostra versa est ad alienos, domus nostræ ad extraneos, pupilli facti sumus absque matre, Patres nostri peccauerunt, & nos iniquitates eorum portauimus*; pour autant qu'il ne leur reste desia plus de loix legitimes pour leur direction spirituelle, ny dequoy subsister temporellement: cette Monarchie ayant desia presque tout renuersé & deuoré pour s'establir & se maintenir, & si son cours impetueux autant qu'imperieux n'est en bref arresté, elle absorbera sans doute le peu qui luy reste. Les Monasteres de ladite Congregation, depuis l'introduction de cette Monarchie, ayants esté plus chargez de debtes, & despoüillés de Benefices qui en dependoient, qu'ils n'auoient esté pendant vn siecle entier, ainsi qu'on pourra voir, si l'on en fait enqueste, par laquelle l'on pourra aussi apprendre, que si cette conduite continuë encore dix ans de la sorte en ladite Congregation, les Religieux d'icelle seront contraints de mandier, ou d'auoir recours à leurs parens pour subsister; si ceux qui ne peuuent souffrir cette ruine & desordre estoient en estat de le faire cognoistre verballement à ceux qui pourroient en empescher la continuation, ils n'escriroient pas cecy, mais la necessité les y oblige, le faisant par principe de conscience & de Religion, ne pouuant voir despoüiller & ruiner leur Mere, sans s'en pleindre, ne leur restāt plus d'autre moyen pour empescher la perte totale de la Congregation, & le peril du salut des Religieux, qui y ont fait profession; pourquoy ceux qui ont de l'affection, selon Dieu, pour ladite Congregation, doiuent plustost employer leur credit & authorité pour le restablissement d'icelle, que pour faire subsister cette Monarchie, & proteger ceux qui en sont les Autheurs, qui n'espargnent ny bien, ny soin, ny artifice pour s'acquerir & s'asseurer de ceux qui les peuuent maintenir, & rendre dans l'impuissance ceux qui les y peuuent contrarier, se seruans de leur authorité & du bien de la Congregation, & des Amis d'icelle mal informez, pour sa ruine, qu'ils s'efforçent plus de cacher que d'en oster la cause, parce que s'ils eussent eu plus d'inclination au bien d'icelle, qu'à leur interest particulier, ils auroient plustost souffert la celebration d'vn Chapitre General legitime pour remedier à tous ces desordres, que de permettre qu'ils fussent cogneus hors la Congregation, car ceux qui en demandent le restablissement n'ont desiré autre chose, & sont encore en cette resolution de se desporter de toutes poursuites, moyennant que dans sept ou huict mois, il soit celebré dans ladite Congregation vn Chapitre general legitime, composé de deux Religieux esleus de toutes les Communautez pour y assister, & y auoir voix & suffrages, vn en qualité de Superieur, l'autre de Conuentuel: Si les

Autheurs de ceste innouation font cognoistre deuant trois Docteurs de Sorbonne Professeurs, & trois Peres d'Ordre, que ceux qui ont esté esleus pour Superieurs és derniers Chapitres Generaux, soient canoniquement esleus, pour lors ils pourront assister suiuant leurs qualitez esdits Chapitres, auec vn Conuentuel esleu par les Communautez de chaque Monastere, suiuant les Constitutions de ladite Congregation: & ce qui sera deliberé & arresté aux deux parties des suffrages secrets de tous les Capitulans sur toute l'innouation de question, moyennant qu'vn de ceux qui y ont formé opposition soit present, pour y auoir seulement voix opiniatiue, tous y consentiront & se desisteront de toutes poursuites faites ou à faire: à condition aussi que s'il est statué quelque chose contre l'Institut de la Congregation du Mont-Cassin & de Sainct Vanne, l'on le fera confirmer au Souuerain Pontife, auparauant que de le pratiquer, & en apres au Grand Conseil ou au Parlement, apres auoir communiqué le tout aux Communautez de ladite Congregation, & par ce moyen l'on poura remedier aucunement aux abus & desordres passez, & empescher les presents & futurs; & la paix seroit restablie en ladite Congregation, & les Religieux d'icelle y viuroient en repos d'esprit & de conscience, & Dieu par sa bonté y continueroit ses premieres benedictions, pour s'en seruir au restablissement de tout l'Ordre Benedictin en France, y ayant desia grand nombre de Religieux aussi capables que vertueux, qui pouroient y contribuer, & qui n'ont point concouru au desordre qui y est à present ensuitte de ceste innouation Monarchique, & qui le souffrent auec regret, estant dans l'impuissance d'y apporter le remede; & l'on ne le peut pas proprement attribuer à la Congregation, mais seulement à six Religieux qui en sont les Autheurs, qui en quelque façon ne meritent pas de porter le nom de Religieux de la Cõgregation de Sainct Maur, puis qu'ils ne se sont pas contentes de l'auoir destituée & despoüillée de ce qui luy donnoit la subsistance spirituelle & temporelle, mais encore de son nom qu'ils auoient esteint & supprimé, erigeant vne nouuelle Congregation aussi monstreuse & Chimerique, qu'elle estoit informe & sans subsistence legitime; & comme elle estoit mal-faitte & cimentée & qui a esté encore plus mal defaite; aussi elle a produit & produira des effets tous semblables & selon les apparences aucuns Religieux de la Congregation ne la voira pas en l'estat qu'elle estoit deuant les vnions & des-vnions funestes, qui sont des fruits de ceste Monarchie pretenduë, & de ceux qui en sont les Autheurs, lesquels seuls y ont concouru, ainsi qu'en toutes les affaires ruineuses à ladite Congregation, & onereuses à ses legitimes enfans, qui reclamẽt l'assistance diuine & des gens de bien en ce rencontre, pour reprimer la violence de ceste Monarchie qui deuore & destruit tout de la sorte, qui ne pouuoit pas mieux estre comparée qu'à vn sanglier sauuage & furieux, qui rauage ce qu'il trouue auec toutes les parties de son corps. Le Pere Mariana, Autheur de ceste comparaison en connoissoit mieux les effets par l'experience que par la speculation, & les Moines amateurs de ceste Monarchie pourront apprendre ce qu'il en dit au 10. Chapitre du Regime de la Societé, afin qu'ils soient desabusez de l'opinion fausse qu'ils en ont aussi bien que de celle qu'ils publient que Sainct Benoist l'a establie par sa Regle, l'on fera voir que leur Institut nouueau est incomparablement plus esloigné de la conduite ordonnée par ladite Regle, que celuy du Mont-Cassin & de Saincte Vanne, & qu'il est en outre tout contraire à la conduite des Congregations Benedictines, Erigées depuis cinq cens ans par le Sainct Siege, ne s'en trouuant aucune ou les Generaux Visiteurs, & Diffiniteurs puissent estre tousiours continuez sans vacquer, & entre plus de cent anciennes & nouuelles Religions de diuers Ordres, il n'y a pas trois qui tiennent ce regime, & encore ce ne sont point Religions Monastiques, & quant toutes celles qui ont esté Erigées iusqu'à present en vseroient de la sorte, les Autheurs de ceste innouation n'auroient pas peu licitement ny validement l'ordonner dans la Congregation, sans l'expresse permission du S. Siege, & le consentement libre de tous les Religieux, ou aux Moines de la plut-part de ceux qui y ont fait profession, ainsi qu'il a esté prouué ailleurs.

Les Auteurs de cette Inouation ont fait plusieurs consultations sur le sujet d'icelle, sur toutes lesquelles il a esté fait des remarques, à l'exception d'vne qui a esté faite à Rome au mois d'Avril dernier, à laquelle on répondra, & à la teneur d'vn rescript qu'ils ont obtenu le 12. de May dernier, lors qu'il sera à propos.

L'on donne seulement aduis à ceux qui liront lesdites Consultations, qu'ils n'ayent point à y adjouster foy, s'ils n'en voyent les Originaux signez de ceux qui ont esté consultez, & les remarques imprimées faites sur lesdits Originaux ; Par lesquelles remarques, & par vn Traitté fait en Latin sur ce sujet, l'on cognoistra la verité de la question : Et ceux qui auront quelque doute sur ce sujet, pourront faire consulter sur la question agitée de part & d'autre, & qui a esté dressée & imprimée à cette fin, n'y ayant point mis de deliberation, à raison qu'elle seroit inutile, si elle n'estoit faite en presence de ceux qui ont droict de la contester, & de dire leurs raisons sur la difficulté proposée.

L'on sera aussi aduerty, que ledit Rescript ne parle point du tout de l'Inouation faite en ladite Congregation ; Mais seulement sa Saincteté remedie par iceluy au deffaut que les Superieurs de ladite Congregation pourront auoir encouru en leurs Elections par la rupture de la Desvnion, & seulement afin qu'ils peussent auoir voix actiue & passiue pour la Celebration du Chapitre General dernier, *& sine alicuius praeiudicio & ad effectum tantum celebrandi Capitulum Generale.*

Si ledit Rescript auoit esté demandé par tous les Religieux de ladite Congregation, ainsi qu'on l'expose à sa Saincteté, & qu'ils luy eussent fait cognoistre les autres Nullitez qui se peuuent remarquer esdites Elections ; & que le Chapitre General eust esté celebré suiuant les Constitutions de la

Congregation de Sainct Maur, comme sa Saincteté l'ordonne, c'est à dire selon les Constitutions du Mont-Cassin & de sainct Vane, n'y en ayant point eu d'autres legitimes iusqu'à present, ledit Rescript eust peu operer son effect selon l'intention de sa Saincteté, *sed non aliàs.*

L'on cognoistra par ce discours la naissance & progrez de cette Inouation, ses mauuais effects, & comme elle n'a esté receuë n'y approuuée de la vingtiesme partie des Religieux de ladite Congregation de sainct Maur: Et comme ceux qui procurent & demandent le restablissement des Loix & Constitutions qui y ont esté introduites par authorité Apostolique à la requisition du Roy tres-Chrestien, & de tous ceux qui en ont procuré l'erection, sont bien fondez en leurs poursuites, quand vn seul mesme seroit en cause; ainsi qu'vn seul bon François seroit receu s'il donnoit aduis aux Ministres de cét Estat de quelque entreprise qui luy seroit prejudiciable: Car il n'est pas question en cette affaire de sçauoir si les Religieux de la Congregation veulent receuoir des nouuelles Loix, mais bien de sçauoir s'ils practiquent celles qu'ils ont receuës du Sainct-Siege, & promises par leurs vœux & professions: Et il y auroit autant de peril à mettre en deliberation, sçauoir si lesdits Religieux profez sont obligez aux Constitutions du Mont-Cassin & de sainct Vanne, comme de mettre en Compromis, sçauoir s'ils sont profez & obligez à leurs vœux, puis qu'en effect ils ne sont obligez par leur Profession, & les Bulles de ladite Congregation, qu'à l'Obseruance de la Regle de sainct Benoist, exposée & declarée par les Peres du Mont-Cassin, ainsi qu'il a esté prouué au susdit Traitté: En sorte que si lesdites expositions sur ladite Regle sont supprimées & abrogées, & ces nouuelles contraires subrogées en leur lieu, qui repugnent pour la pluspart à la Regle de S. Benoist, lesdits Religieux sont exempts de leur obligation, & sont seulement obligez à la garde des trois vœux essentiels, tous les Religieux Benedictins n'estans distinguez en leurs Obseruances, Exercices, Mortifications & habits, que par la diuersité des Instituts qu'ils ont receus du Sainct-Siege, & promis par leur Profession, apres leur an de Nouitiat & épreuue. Que si ce changement d'Institut auoit lieu, selon la volonté de quelques Superieurs, plus de vingt Congregations Benedictines, & plus de trente de l'Ordre de sainct Augustin, pourroient changer de jour à autre; & les Religieux d'icelles se mesler ensemble à leur volonté, puis que tous professent vne mesme Regle, & ne different que par la diuersité des Instituts particuliers; & tels changemens pourroient causer autant de desordres & confusions, qu'il y a de Religieux qui ont fait profession esdites Ordres: Aussi telles practiques sont sans exemples, & contraires à l'vsage de toutes les Religions, esquelles il ne seroit pas necessaire d'y faire vn an de Nouitiat pour éprouuer ce qui est en practique, si à toutes occasions quelques Superieurs pouuoient de la sorte changer les Regimes & Obseruances d'icelles, & y en introduire de nouuelles à leur volonté, ainsi que cinq ou six de ladite Congregation ont fait

fait depuis quelques années : Et n'est pas vray-semblable que si l'on eust fait cognoistre à ceux qui y ont fait profession qu'ils eussent toûjours eu mesmes Iuges en premieres & dernieres Instances, & que l'on les eust voulu obliger à changer de Loix & Constitutions tous les trois ans, & encore plus souuent, comme il se voit en ladite Congregation, qu'aucun eust voulu y faire profession.

L'on peut apprendre des Reuerends Peres Superieurs & Religieux de la Congregation de Sainct Vanne, qui sont en ceste ville de Paris à present, & vnis à l'Ordre de Cluny, & qui ont esté des premiers Reformateurs de ladite Congregation aussi bien que de celle de Sainct Maur, que depuis l'an mil six cens treize, iusqu'en l'an mil six cens trente, les Constitutions du Mont-Cassin & de sainct Vanne ont esté ponctuellement obseruées en la Congregation de Sainct Maur, tant pour la Celebration des Chapitres Generaux, où ils ont souuent assisté qu'es Eslections des Superieurs, & l'on le pourra aussi apprendre des douze premiers Religieux de ladite Congregation de Sainct Maur, qui ont esté pour la pluspart Superieurs & Maistres des Nouices dans la naissance de ladite Congregation de S. Maur Instruits les Autheurs mesmes de ces innouations dans le Nouitiat en la pratique des Instituts du Mont-Cassin & de Sainct Vanne, ne s'en estant point leu ny veu ny pratiqué d'autres en la Congregation de Sainct Maur iusqu'en l'an 1633. qu'vn commença de pratiquer ce qui auoit esté ordonné de nouueau au Chapitre de l'an 1630. mais seulement l'on se seruoit pour lors de la dispense que le Sainct Pere Gregoire 15. auoit donné par la Bulle d'Erection de quelques Reglemens qui n'y pouuoient pas estre obseruez en la Naissance de la Congregation, à raison du peu de personnes capables qui y estoient ; & encore ceux qui la gouuernoient pour lors ne se sont seruis desdits dispensez qu'en grande necessité, n'ayants pas permis qu'aucun Visiteur ny President ayt esté continué plus d'vn an, bien que le Sainct Pere Gregoire 15. eust permis de les continuer dauantage, *donec numerus Religiosorum Reformatorum augeretur*, ainsi que son successeur par la Bulle de Confirmation de ladite Congregation, *si ad id cogat necessitas & Superiorum penuria, quoadusque vallidior fieret dicta Congregationi Sancti Mauri pro bono illius ad arbitrum Capituli Generalis*. Et lors que ladite Congregation estoit, graces à nostre Seigneur, suffisammẽt fournie de Superieurs & Religieux capables pour garder les vacances & Interstices desdits Superieurs sans incommodité. Les Autheurs de ceste innouation ont au contraire Statué & ordonné que lesdits General, Visiteurs & autres Superieurs pourroient estre tousjours continuez, ce qui n'a peu estre statué que par vne contrauention manifeste aux Ordonnances des susdits Souuerains Pontifs : laquelle n'eust pas esté si perilleuse s'ils se fussent seulement seruis desdites dispenses plus que la necesité ne le requeroit comme d'auoir statué formellement contre ce qui est ordõné par lesdites Bulles, & contre ce qu'ils ont promis par leurs

F

vœux & fermens ; & se seruent encore de ce qu'ils ont statué de la sorte pour se maintenir esdites superioritez, & pour faire subsister leur Inouation contre la volonté de plus de trois parts des Religieux de ladite Congregation, le moindre desquels y a autant d'interest que le premier de ladite Congregation, tous estants considerez en vne affaire de telle importance *vt singuli*, puis que tous & chacun d'eux ne peut estre contre sa volonté, obligé à d'autres Obseruances qu'à celles qu'il a promises par ses vœux & fermens, & encore moins à de contraires comme sont celles dont est question : Et supposé qu'ils y fussent seulement considerez, *vt vniuersi*, ainsi qu'en vne affaire ordinaire d'vne Communauté, il seroit tousiours necessaire que l'on eust proposé ces Inouations à toutes les Communautez, & que la plus part des Religieux d'icelles y eussent consenty, pour qu'elles peussent estre valides & obligatoires : Or il est bien constant que depuis que les Communautez refuserent d'y consentir, en desniant les procurations qui leur furent demandées pour cét effet, elles n'y ont point consenti, mais bien plustost repugné lors que telles Inouations sont venuës à la cognoissance des Religieux d'icelles, ainsi qu'il a esté cy-dessus remarqué ; & par ainsi les Autheurs desdites Inouations ne peuuent pas dire auec verité qu'elles sont approuuées de tous les Religieux de ladite Congregation, à l'exception de deux qui les improuuẽt ; voulant par cette supposition proceder contr'eux aux fins de non receuoir ; & pour y paruenir auec plus de facilité, ils ont eludé la Iurisdiction du Grand Conseil, & celle du Parlement, à cause que les Statuts anciens de la Congregation estoient homologuez au Parlement, & que toute Iurisdiction sur le faict d'iceux estoit attribuée au Grand Conseil par Lettres patentes de sa Majesté, & ont obtenu des Iuges Commissaires pour cognoistre plustost d'vn incident qu'ils font naistre, que de la cause principale : & pour y conuier plus efficacement les Iuges, ils disent que ces deux Opposans s'y portent plus par passion & mescontentemens, que par principe de conscience & de Religion. Les bonnes qualitez & grandes capacitez de celuy qui y procede en la qualité de Procureur Scindic de ladite Congregation, sont assez cogneus pour en auoir d'autres sentimens : Et comme il a preferé en cette occasion le bien de la Congregation, & le repos d'esprit & conscience de ses Confreres à ses interests, puis qu'estant en vne belle charge, & en estat d'en auoir encore de plus considerable, s'il auoit voulu tomber dans les sentimens de ceux qui les distribuent, il s'est mis dans leur disgrace, & en danger d'estre mal traicté pendant qu'ils seront en estat de le pouuoir faire : Outre qu'il a beaucoup de Procurations des autres Religieux de ladite Congregation, qu'il n'a pas voulu produire, crainte des mauuais traittemens qu'ils eussent peu receuoir estans cogneus des Autheurs desdites Inouations, qui font ce qu'ils peuuent pour empescher ceux qui s'y voudroient joindre.

Pour l'autre Opposant, il y a peu de Religieux en ladite Congregation qui ne sçachent ce qu'il a fait depuis quinze ans, pour empescher que cette

Inouation y fuſt introduite. Car dés l'an 1630. aſſiſtant au Chapitre General comme Superieur de Sainct Clement de Craon, il y fiſt ſon poſſible pour moyenner que les antiennes & legitimes Conſtitutions de la Congregation n'y feuſſent alterées n'y abrogées. En l'an 1633. voyant qu'au Chapitre Prouincial & General l'on y pratiquoit ces nouueaux Statuts contraires aux anciens, auparauant que d'auoir eſté confirmez du Sainct-Siege, & approuuez par les Communautez de ladite Congregation, il en fit ſes plaintes & remonſtrances verballes, & par eſcrit, ce qu'il reïtera pendant le tiennel ſuiuant, & aſſiſtant au Chapitre General de Cluny, comme Superieur de l'Abbaye de Tiron, & deputé de la Prouince de Bretagne, il y continua ſes plaintes & remonſtrances: & ſur la crainte que les Autheurs de cette Inouation eurent que les Deputez ne la refuſaſſent, ils ne leur propoſerent aucun Statut nouueau pour approuuer: bien qu'ils euſſent composé & approuué dans le Diffinitoire dudit Chapitre vn Inſtitut tout nouueau, qui ne fut cogneu deſdits Deputez, que lors qu'au Chapitre General ſubſequent l'on le leur fiſt prattiquer, où s'eſtant trouué comme Abbé de ſainct Martin de Sez, & premier Deputé de la Prouince de Normandie, & voyant que cette Inouation, qui n'auoit eſté ny approuuée des Deputez, ny promulguée dans le Chapitre General de Cluny, où elle auoit pris naiſſance, ny dans les Monaſteres de la Congregation, il en fit ſes plaintes & remõſtãces eſdites qualitez, tant dans le Diffinitoire, que dans l'aſſemblée des Deputez: & apres y auoir deſduit ſes raiſons, & monſtré l'importance de l'affaire. Les 25. Deputez preſens improuuerẽt cette Inouation cõme inualide & non receuable, declarant en outre qu'ils ne deſiroient point eſtre priuez, ny ceux qui leur ſuccederoient en telles charges, de leurs ſuffrages en l'Approbation des Statuts nouueaux, qu'il conuiendroit faire dans les Chapitres Generaux ainſi que les Autheurs de ceſte Innouation l'auoient ordonné dans le Diffinitoire du Chapitre de Cluny, contre les Loix fondamentales de la Congregation & la pratique vniuerſelle de toutes les Religions: ce qu'ayant eſté rapporté aux Diffiniteurs de ce Chapitre General, ils enuoyerent contre la couſtume de la Congregation vn d'entreux pour preſider en l'aſſemblée des Deputez, & y propoſer de nouueau ceſte Innouation & la faire paſſer, nonobſtant le refus qu'ils en auoient fait apres y auoir meurement deliberé l'eſpace de trois iours.

Or voyant que ledit Diffiniteur ſe comportoit en l'Aſſemblée deſdits Deputez pour y faire paſſer ceſte Inouation en Iuge courrouſſé, & partie interreſſée, & que meſmes il deſnioit la liberté aux Deputez de deliberer & dire leurs raiſons ſur ce qu'il propoſoit à approuuer, pour lors il luy dit que ceſte Inouation ayant deſia eſté improuuée & rejettée, comme eſtant non ſeulement inutile à la Congregation, mais auſſi preiudiciable ſi elle eſtoit receuë, qu'il n'eſtoit point à propos de la propoſer de nouueau, ny de proceder de la ſorte pour la faire paſſer, laquelle remonſtrance ne produit d'autre effet, ſinon que de s'attirer la diſgrace des Diffiniteurs, Autheurs de ces nouueautez, & celuy qui presidoit en ceste assemblée le print à party comme s'il eust commis quelque grand crime en luy faisant vne humble remonstrance, & ne laissa de continuer sa procedure, desniant tousiours la liberté aux Deputez de dire leurs raisons, voulant seulement qu'ils fissent cognoistre leur intention par signes qu'il leur faisoit faire, agissant auec eux comme s'ils eussent esté tous muets: à lors il en fist sa plainte aux autres Diffiniteurs, leur representant le preiudice de telles violences & voyes de fait que l'on suiuoit és affaires les plus importantes de la Congregation, puis qu'il s'y agissoit de l'abrogation des Loix d'icelle & de la subrogation d'autres qui luy estoient contraires: leur declarant par escrit en qualité de Superieur & Deputé des Prouinces, qu'il n'assisteroit plus en telles assemblées, pour ne point approuuer non plus par sa presence que par son suffrage la procedure que ledit Diffiniteur y tenoit, & ce qu'il y faisoit passer, l'vn & l'autre estant trop ruineux & preiudiciable à la Congregation, & trop contraire aux Loix d'icelle, s'arrestant seulement à ce qui auoit esté resolu lors que l'on y auoit procedé selon la coustume de la Congregation, & les Loix d'icelle, laquelle remonstrance & declaration n'eut d'autre effet que les precedentes, sinon que les Autheurs de ceste Inouation voyant que si celuy-cy continuoit à assister aux Chapitres Generaux, ils auroient peine de l'y faire receuoir, pourquoy ils le deposerent de Superiorité, ne pouuant autrement l'en priuer, ny luy oster le moyen de seruir en semblables occasions la Congregation; Mais comme cette deposition ne luy ostoit pas l'affection de seruir la Congregation, ny ne l'exemptoit point des obligations qu'il auoit contractées de droict Diuin, Naturel & Canonique à l'obseruance de ses Loix receuës du Sainct-Siege, & promises par ses vœux & sermens: Il se pourueut esdites qualitez estant Prieur Claustral de sainct Sulpice de Bourges vers le souuerain Pontife, & representa l'affaire de question à sa Saincteté, & fist signifier inredignement son pouruoy & opposition, & les causes d'icelle au Reuerend Pere Superieur General, & comme il s'opposoit aussi esdites qualités à tout ce qui seroit fait, innoué & ordonné au Chapitre General, celebré l'an 1642. contre les Ordonnances des Bulles de la Congregation, & des Loix d'icelle: & reïtera ses protestations & oppositions au Chapitre General, ausquelles les Diffiniteurs d'iceluy n'eurent aucun esgard: Car comme ils estoient les mesmes qui auoient iusqu'à lors authorisé cette Inouation, ils la firent passer en ce Chapitre, nonobstant toutes les protestations & oppositions susdites, & les repugnances des Deputez qui y assistoient, & apres auoir exercé beaucoup d'excez & violences pour faire desister iceluy de son Opposition, pouruoy & appel au Sainct-Siege, & interposé l'authorité de personnes puissantes, & celles mesmes de ses parens & alliez, il fut en fin obligé de s'en desister, pour se redimer de vexation, & de remettre le jugement de cette affaire aux Superieurs de la Congregation, & au Chapitre General celebré depuis deux mois. *Fait le 21. Iuillet 1645.*

Mais les Autheurs de ces Innouations estans encore Diffiniteurs de ce Chapitre, ils n'ont voulu auoir égard aux prieres & remonstrances qu'il leur a faites, non plus qu'à celles des autres Religieux de la Congregation ayant refusé de faire deliberer les Deputez dudit Chapitre sur vn Cas posé qu'il auoit dressé touchant les difficultez resultantes de ces Innouations, & sur les plaintes & griefs des excez commis sur sa personne; pourquoy il a derechef appelé au Sainct-Siege des Elections de tous les Superieurs de la Congregation, & de ce qui s'est fait & ordonné en ce Chapitre, contre les Ordonnances des Bulles de la Congregation, & les Loix d'icelle, en adherant à ces oppositions, appel & pouruoy au Sainct-Siege cy-deuant faits, & deuëment signifiez, estant en resolution de n'abandonner ceste affaire non plus que la Congregation, pendant qu'il y aura esperance de la restablir, & d'y pouuoir viure en seureté de conscience.

Et bien que l'on dise que ce n'est pas vn seul Religieux à faire telles poursuites, il espere pourtant que sa Saincteté y aura égard, considerant que ce n'est point vne affaire qui emprunte son merite & valeur de l'approbation & proposition de plusieurs, non plus que celle qui estoit autrefois poursuiuie par vn seul & simple Religieux de l'Abbaye de Cluny, appelé Matthieu, la plainte duquel fut receuë par les Saincts Pontifes Caliste 2. & Honoré 2. contre Ponce, Abbé & General de l'Ordre de Cluny, lors qu'il ruinoit ce sainct Ordre par ses Innouations, contraires aux Ordonnances que ses Predecesseurs Saincts Odo, Odilon, Mayeul, & Hugue, auoient receuës du Sainct-Siege, & prattiquées tant de siecles auec grande edification: Sainct Anthoine de Pade fut receu seul en semblables plaintes par le Sainct Pere Gregoire 9. lors que Frere Elie ruinoit l'Ordre sainct François, qu'il eust estouffé dés sa Naissance, si ce bon Religieux ne s'y fust opposé, & ne l'eust fait deposer de son Generalat, ainsi que Ponce le fut par Calixte 2. & Honoré 2. l'excommunia mesme, & le declara schismatique, à cause de ses violences & rebellions: Et l'on voit dans les Histoires Ecclesiastiques, qu'en presque tous les siecles depuis la Primitiue Eglise, que des Prelats & Moines, quoy que seuls en leurs demandes & plaintes, ont esté receus en semblables occasions par les Saincts Pontifes & Conciles Oecumeniques, comme l'on voit de Sainct Athanase, de Sainct Theodore le Studite, Sainct Anselme, & Sainct Thomas Archeuesques de Cantorbery, &c. Ioint qu'il n'est pas desormais possible que les Communautez de la Congregation de Sainct Maur puissent former des plaintes & poursuites, leur estant deffendu par ces nouueaux Statuts; & ne leur est pas seulement permis d'en conferer les vns auec les autres sans estre punis: d'où l'on peut inferer qu'il y a beaucoup plus sujet de s'estonner comme il s'en trouue vn qui s'oppose ouuertement à ces Innouations, que de n'y en voir que deux, puis que dans l'Ordre de Cluny & de Sainct François, peuples de plus de vingt mille Religieux, il ne s'en est trouué qu'vn de chacun Ordre qui ait eu assez de zele pour s'opposer à leur ruine, bien que les traittemens contre ceux qui s'y opposoient n'y feussent pas peut-estre si rudes, comme ceux qui s'exercent contre ceux qui s'opposent à la ruine de la Congregation de Sainct Maur seulement, peuplée de sept à huict cens Religieux, en laquelle il n'y a pas la vingtiesme partie des Religieux, qui ne desirent plustost demeurer dans l'Obseruance & l'Institut qu'ils ont receu du Sainct-Siege, & promis par leurs vœux & sermens que de receuoir ce nouueau, ainsi qu'on cognoistra s'ils sont interrogez là-dessus, & qu'ils soient en liberté d'en dire leur sentiment, & les deux qui le demandent & poursuiuent és qualitez susdites ne l'ont entrepris qu'apres auoir esté asseurez par des plus Celebres Docteurs de Sorbonne & de Nauarre qu'ils y estoient obligez, sur peine de peché & feront tousiours paroistre qu'ils n'y ont d'autre interest que le restablissement de la Congregation & de s'acquiter de ce qu'ils y ont promis à Dieu & à la Religion, & sont tous prés de faire declaration qu'ils renoncent à toutes sortes de charges dans la Congregation, apres qu'elle sera restablie par le moyen de la celebration d'vn Chapitre General libre & legitime, estant extrément déplaisant que ces choses soient cognuës au dehors, ne l'ayant voulu permettre qu'apres que tous les autres moyens leurs ont esté inutiles par ceux qui semblent auoir plus de soing d'eluder la verité, que de la faire cognoistre pour estre suiuie: Ioint qu'il est autant necessaire que Messieurs les Iuges de ceste affaire soient informez du faict, que du poinct de droict, pour en donner vn bon Iugement, cecy n'estant écrit à autre dessein; Suppliant ceux qui le liront de n'en conceuoir mauuaise impression de la Congregation de sainct Maur, ny des Religieux d'icelle: Car supposé qu'il y ait du desordre, il doit estre seulement referé à six qui en sont la cause, lesquels quoy que bons Religieux, peuuent manquer en leur conduite, & se tromper en leur opinion sans coulpe, n'ayant pas l'infabilité annexe à leurs dignitez & personnes: L'experience ayant trop fait voir que toutes les plus florissantes Religions ont esté ruinées & dereglées par les Generaux & Superieurs Majeurs d'icelles; & d'autant plus qu'ils ont esté absolus, & moins obligez à vacquer, ils l'ont fait auec plus de facilité: Pourquoy les Saincts Pontifes, & ceux qui ont procuré l'erection des nouuelles Religions Monastiques, ou la Reformée des antiennes depuis quatre cens ans, pour remedier à ce desordre ont par exprés limité l'authorité desdits Generaux, & le temps de leur administration, mesme à ceux qui l'auoient illimité par leur Regle & premier Institut, ainsi que l'a fort bien remarqué le Reuerend Pere Suarés, en son quatriéme Tome de l'estat de Religion, parlant de la Conduite Monarchique & Aristocratique, où il allegue de bonnes raisons sur ce sujet.

Et cecy se recognoist par les Ordonnances des Bulles des Saincts Pontifes, qui ont erigé & Reformé toutes les Religions depuis ledit temps &

en particulier celle de S. Benoist, comme l'on peut voir és Bulles de l'Erection & Confirmation des Congregations des Peres Celestins du Mont d'Oliuet, du Mont-Cassin, & de Chesalbenoist, de Valladoly, de Portugal, de Fuldes, de S. Vanne & de S. Maur: en celle de S. François, és Bulles des Saincts Pontifes Paul IV. de l'an 1559. Pie V. 1571. Gregoire XIII. 1573. & 1579. & Sixte 5. qui auoit esté presque 50. ans Religieux dudit Ordre, & dit par sa Bulle qu'il recognoissoit que ces perpetuitez en estoient la principale ruine, pourquoy ainsi que les autres Saincts Pontifes susdits, fulmina toutes les Censures & maledictions possibles, contre ceux qui entreprendroiét de côtinuer le General plus de six ans. Le Vicaire General, Commissaire General, les Prouinciaux plus de trois ans, sans vacquer six ans, & neantmoins ceux de S. Maur veullent estre perpetuez, mesme contre leur Bulles, vœux & sermens sans vacquer. Car ils ne peuuent pas douter qu'il ne soit ordonné par les 11. & 25. Chapitre de la 1. partie des Constitutions du Mont-Cassin, que les Visiteurs ne peuuent estre continuez plus d'vn an, sás vacquer deux ans, ny estre esleus Diffiniteurs des Chapitres Generaux, ny les Diffiniteurs s'eslire Visiteurs, ny estre côtinuez plus de deux ans sans vacquer deux ans, ny les Superieurs particuliers & autres Officiers plus de 5. ans sans vacquer, ainsi qu'il est ordonné par le Bref du S. Pere Paul V. en datte du 6. Avril 1607. lequel est inseré dans le 23. Chapitre de la 1. partie des Constitutions du Mont-Cassin, imprimées depuis 3. ans & de nouueau confirmées, *motu proprio & ex certa scientia*, par le Sainct Pere Vrbain VIII. le 27. Mars 1642. il est vray que les Saincts Pontifes Gregoire XV. & Vrbain VIII. ont dispensé pour vn temps les Superieurs & autres Officiers de la Congregation de Sainct Maur d'estre continuez & esleus au delà du temps porté par lesdites Constitutions, comme l'on peut voir par ces mots extraits de la Bulle & Confirmation *Priores quoque & Nouitiorum Magistros ac alios quoscunque Superores Monasteriorum in quibus Refor. huiusmodi, iam introducta, seu introducetur in futurum etiamsi ipsi in Congregatione S. Mauri per tempus in illius Constitutionibus & litteris prædictis præfixum non remanserint ad Superioritates, munera, officiaque huiusmodi dummodò alias ad id Idonei reperti fuerint, canonicè eligere & eos seu alios siue etiam Diffinitores ac Visitatores, ad tempus tam citra quam vltra terminum in dictæ Congregat Constit. & illius Erectionis litteris præfixum si ad id cogat necessitas & Superiorum penuria quoadusque vallidior fiat dicta Con. Sancti Mauri & pro bono illius ad arbitrium Capituli Generalis in suis Superioritatibus, Officijs & muneribus continuare, &c.* Mais ces dispenses n'estans demandées ny concedées comme l'on voit par ce texte, que pour autant de temps que la necessité le requerera, ils ne s'en peuuent plus seruir licitement ny vallidement à present que ladite Congregation est abondamment fournie de Superieurs & personnes capables pour la conduire, & garder les delais & vacances ordonnées par lesdites Bulles & Constitutions de la Congregation de sainct Maur, & promises par les vœux & sermens des Religieux qui y ont fait profeſſion; & ceux meſme qui ſe perpetuënt eſdites charges & Superioritez depuis plus de vingt ans ſans vacquer vne ſeule fois ont offert depuis vn an grand nombre de Superieurs & autres Officiers aux Peres de l'Obſeruance de l'Ordre de Cluny pour les aſſiſter, faiſant cognoiſtre qu'il y a maintenant plus de Superieurs en ladite Congregation de ſainct Maur qu'il n'en faut pour garder les vacances ſuſdites, & nonobſtant font des Statuts contre leſdites vaccances, pour eſtre touſiours perpetuez, & traittent comme des criminels les Religieux qui demandent que leſdites Conſtitutions ſoient gardées ſelon l'intention des ſouuerains Pontifes, & les vœux & ſermens qu'ils en ont fait, s'efforçant de les obliger à ſuiure leurs nouueaux Statuts, qui n'ont aucune legitime approbation, & qui ſont contraires aux Ordonnances des Bulles de ladite Congregation, & les Loix d'icelle, ne conſiderant pas qu'ils ne le peuuent faire ſans eſtre parjures & infideles à Dieu & à la Religion, & deſobeïſſans au ſouuerain Pontife leur ſupréme Superieur; & que d'ailleurs aucun Ordre ny Congregation ne ſubſiſte ny ne proſpere, qu'autant de temps que les Inſtituts, qui y ont eſté ordonnez par le S. Siege, & inſpirez de Dieu à ceux qui en ſont les premiers Fondateurs, y ſont gardez, ainſi que le ſainct Pere Gregoire 14. l'a remarqué en la Bulle de Confirmatiõ de la Societé & Inſtitut des RR. Peres Ieſuites, leſquels ne ſe maintiennent pas auec proſperité, comme ils font, pource que leur Inſtitut ſoit meilleur ou plus parfait que celuy qui a eſté introduit par authorité Apoſtolique en la Congregation de S. Maur, comme quelques-vns diſent, mais parce qu'ils le prattiquent mieux: Et ſi les Moines Benedictins auoiẽt auſſi ponctuellemẽt obſerué leur Regle depuis cinq cens ans, comme elle l'auoit eſté les cinq premiers Siecles apres ſon approbation du S. Siege, ce ſainct Ordre auroit autant produit de Saincts & parfaits Religieux dans ces derniers ſiecles comme és premiers, puis que ladite Regle a eſté touſiours également bonne & accomplie, mais cette difference vient de ce qu'elle a eſté inegalement obſeruée par ceux qui y eſtoient également obligez, ce qui ſe peut dire de tous les autres Ordres en general, & de la Congregation de S. Maur en particulier, qui euſt heureuſement proſperé, & les Religieux d'icelle y euſſent acquis la perfection contenuë en ſon Inſtitut, s'ils l'euſſent fidellement gardé, n'eſtant d'ailleurs obligé à d'autres Loix, ny ne reſpondront pas deuant Dieu de n'auoir obſerué l'Inſtitut des RR. PP. Ieſuites, &c. Mais bien s'ils ont gardé la Regle de S. Benoiſt, expoſée par les Peres de la Congregation du Mont-Caſſin, & confirmée par le S. Siege, ne s'eſtans obligez par leurs vœux & ſermens, à d'autres Obſeruances & Inſtituts.

Fautes à corriger.

Page 7. ligne 29. faut mettre du Mont-Caſſin, au lieu de S. Maur. Page 8. ligne 35. ſa, pour la. Page 10. ligne 35. ces, pour les. Page 11. moins, pour Moines. Page 16. ligne 28. iurediquement, au lieu de inredignement. Page 18. ligne 35. Refforme, au lieu de Refformée.

www.ingramcontent.com/pod-product-compliance
Lightning Source LLC
LaVergne TN
LVHW050511160826
845677LV00003B/1078

* 9 7 8 2 3 2 9 6 3 7 0 4 4 *